ADVIS

DES ESTATS

DE BOVRGONGNE

AVX FRANCOIS, TOV
chant la resolution prise aux estats
de Blois, l'An 1588. Fait à Dijon
le premier iour de Ianuier, 1590.

Contre Henry de Bourbon, soy disant
Roy de Nauarre.

A TROYES.

Par Iean Moreau, M. Imprimeur
du Roy.

Auec Priuilege dudit Seigneur.

A. M. B.
SVR L'ADVIS AVX FRANCOIS.

S Il l'aduis d'vn des grands Aduocats de la France,
   Pluſtoſt ſi le droit meſme, & la foy d'vnion,
   Si Dieu, ſi Pieté, ſi la Religion,
Ont encore vers vous (François) quelque creance :
Vueillez François vueillez r'entrer en reuerence,
   Du Pape & des Eſtats, qui à bonne raiſon,
   Voyants du Biarnois l'erreur & trahiſon,
L'ont à iamais forclos d'honneur & de puiſſance :
Si vous eſtes Chreſtiens, pourriez-vous recognoiſtre
L'infidel Nauarrain, qui a voulu paroiſtre
   Inceſtueux, relaps, heretique & paillard ?
   Hé ne ſeroit-ce point peindre vn chef de regnard
Sur voz membres humains ? mais l'Aduis ſe doit taire
Vers ceux qui tout pechez, n'ont cure de bien faire :
   Pource eſt beſoin de feu, de fer & de la hart.

G. L. G.

ADVIS DES ESTATS DE BOVRGONGNE AVX FRANÇOIS, DE LA RESOLVTION prise aux Estats tenus à Blois.

Contre Henry de Bourbon, soy disant Roy de Nauarre.

ESSIEVRS, nous auons iuste occasion de recognoistre que la puissance & authorité des Rois vient de Dieu pour estre seulemét ministres de son Regne, & exercer sa Iustice en terre : Que s'ils se déuoyent du droict sentier de ses sainctes volontez, il est terrible en ses iugemens, il oste l'esprit & la vie, il change les Royaumes & transfere les Couronnes, il est seuere iusticier, qui a l'œil ouuert sur les œuures & sur les passions des hommes, pour les chastier lentement & d'vn pied tardif. Mais le delay de sa iustice, & la longueur de ses rouelles fait sa punition plus griefue, & la rend plus admirable. C'est maintenant que la

France le voit & experimente, par la mort de
Henry de Valois miraculeusement aduenuë :
Car apres auoir indignement regné l'espace de
quinze ans, ruiné son peuple, & trompé ses subiets, par Edicts iniques, imposts prodigieux,
cruelles exactions, profuses prodigalitez, assassins horribles, periuremens publicqs, infames
pollutions, prostitutiõs forcees, & autres crimes
detestables, couuerts & masquez d'vn faux-vi-
sage de penitent, de pelerin, de hieronimite, &
faintes deuotions : il est mis par terre, son orgueil est abatu, les flammes de sa vengeance e-
steintes, & sa puissance perdüe en vn moment,
par le plus foible de ses subjets : c'est vne faueur
du ciel & coup miraculeux, qu'vn pauure religieux nourry à l'ombre d'vn cloistre, à la poul-
dre d'vne classe, à la craie d'vne escolle, le plus
simple de ses compagnons, ait eu tant de courage, de force & hardiesse, pour seul véger la que-
relle de Dieu, defendre son Eglise, ramener la
liberté aux François, & mettre fin à la Tyrannie formee au peril de sa personne, & sacrifice
de sa vie : coup à la verité miraculeux, par toutes circonstances & obseruations, du lieu & du
temps. Qui est le braue soldat & hardy guerrier
qui ne se fust estonné de l'entree d'vn cabinet
fraichement ensanglanté, par le cruel assassin
d'vn Prince des plus genereux du monde ? qui
n'eust eu paour de se presenter à la veüe & re-
gards farouches, aux mains furieuses & dagues
mortelles des quarante cinq bourreaux de la
France ? de passer par vne armee puissante, se ha-
zarder à la mercy des soldats, & se cõmettre en

vn lieu, où l’horreur & la crainte de la mort ha-
bitoient? Il failloit bien que l’Esprit de Dieu
fust guide de son chemin, & qu’il eust graué dãs
son cœur la fermeté d’vn glorieux martyre, veu
que ce bon religieux arriua au pont sainct Clou,
le dernier iour du mois de Iuillet, y passa la
nuict entière, & y demeura iusques sur les dix
heures du matin premier iour d’Aoust: Le téps
estoit assez long pour estre agitté de diuerses o-
pinions, auoir mil trauerses dans l’ame, mil a-
prehensions de la mort, mil crainctes d’vn sup-
plice prompt & cruel, & auec si durs assaux autant de fois changer d’aduis : Mais les conseils
de Dieu sont certains, & ses iugemens ineuita-
bles : c’est vn souuerain medecin qui sçait bien
l’heure de la saignée, la necessité de la purgatió,
l’opportunité des remedes, & la proprieté de
ses drogues. Le premier iour d’Aoust estoit la
feste de sainct Pierre, à ce mesme iour lon reco-
gnoist la vertu de ses successeurs, & l’auctorité
du sainct Siege, duquel procedoit la censure &
bulle solemnelle, peu auparauant fulminee cõ-
tre ledit Henry de Valois : La feste a esté insti-
tuee en souuenãce de ce que Sainct Pierre auoit
miraculeusement esté deliuré des liens du vil-
lain Herodes: A ce mesme iour les François furent deliurez des liens de la Tyrannie, & remis
en la iouyssance de leurs premiers droits. L’ex-
communicatió est vn glaiue spirituel en l’Eglise, pour abaisser & abattre l’orgueil de ceux qui
s’esleuent contre la puissance legitime des Pa-
pes, & se rident de la force de leurs clefs: que lon
remarque auoir esté apportee en Frãce par sre-

A iij

re Iacques de Dio, Cheualier Maltois, Ambaſ-
ſadeur de l'Vnion, autant zelé à ſa religiõ qu'il
eſt recommendable en integrité : Et depuis vn
autre Iacques a vſé & s'eſt ſeruy à propos d'vn
glaiue materiel, l'vn a donné la mort de l'ame,
l'autre celle du corps. Il eſtoit natif d'vn villa-
ge appellé Sorbonne, auſsi auoit la Sorbône de
Paris donné les premiers aduis de l'excommu-
nication, ſon ſurnom eſtoit Clement, afin de recognoiſtre les effets d'vne clemence diuine, au
temps que l'Egliſe eſtoit plus trauaillee, & no-
ſtre repos plus troublé par vn Roy, qui ne reſ-
piroit pendant le bref delay de ſa bleſſeure
mortelle, que courroux, vengeances, ſang, feu,
flammes & fer contre les Catholiques de l'vniõ,
& principalles villes de ſon Royaume, & lequel
en l'ardeur de ſa colere rendit l'ame, peu aimé
& beaucoup craint : L'on ne dira pas que ce ſoit
vn coup preparé par le conſeil d'autruy, par or,
argent, hôneur, & par corruptelles d'autres belles promeſſes : La mendicité, la bezace & le veu
de pauureté excuſent aſſez ce bon Religieux, &
couurent le blaſme de telles calomnies : toutes
impoſtures ceſſeront, quãd lon conſiderera que
ſa recõpenſe ne pouuoit eſtre que la perte de
ſa vie, & ſon ſalaire la peine d'vn grief tourmẽt
& ſupplice exemplaire : l'eſperance d'vne fuitte
la courſe d'vn cheual, le ſecret de quelques pra-
ticques, la force de ſes mains, la valeur de ſes armes, ne fauoriſoient en rien ſon entrepriſe : car
il vint à pied ſans autre borcelet que ſon froc, en
vn lieu gardé par Frãçois, par Eſcoſſois & Suiſ-
ſes, ou de tous coſtez les quarante-cinq coupe-

[...] estoient en sentinelles, ou les Courtizans
faisoient presse, ou les mignons veilloient, & ou
la mort estoit infaillible : Il faut doncques iu-
ger le coup miraculeux, & qu'il soit d'vn chacũ
aduoué, publié & recogneu coup de Dieu. Pourquoy ne sera-il permis d'ainsi parler, veu qu'a-
pres les barbares assassins commis à Blois, les
huguenots & politiques chantoient par forme
de triomphes que s'estoient coups de Rois. Vn
si haut miracle estant aduenu en nos iours, doit
auoir de grands & merueilleux effets : car Dieu
n'opere pas auec si profõds misteres & terribles
changemens, que ce ne soit pour le repos, ou
pour la ruine entiere de son peuple : Il nous
faut croire que c'est vn signe du Ciel, pour fraper viuement noz cœurs, ouurir noz esprits, &
réueiller noz sens de si long-temps charmez &
endormis, pour en ce téps resister à l'effort violent des ennemis de nostre Foy, purger la Frãce du venin qui s'y glisse, & la nettoyer de l'air
contagieux qui l'infecte, par la peste des heretiques. C'est maintenant que les vents sont des-
bordez, la tempeste leuée, les flots esmeuz, & le
naufrage prochain, si nous ne nous ancrõs forts
& fermés contre l'impetueux orage de l'heresie.
C'est maintenant que la Religion Catholicque
aura les plus grandes secousses, ou l'Estat à de-
my panchant sera du tout par terre : & ou la
France, apres ses longues maladies, rendra l'esprit, si les bons Catholicques ne s'vnissent ensẽ-
ble, & par vne charitable reconciliation ne s'ac-
cordent à combatre les heretiques & leurs as-
sociez. Nous en auons les remedes prompts &

en main, il ne restera qu'à nous d'en vser. Or les
meilleurs moyens, & les plus solides conseils
pour appaiser les troubles, nous retirer de la té-
peste, sauuer la barque & nous mettre à port, ne
sont autres, que se bander & affermir contre
Henry de Bourbon, soit disant Roy de Nauarre, luy rompre ses desseins, & luy empescher
l'vsurpation de la Couronne, le zele de nostre
Religion nous le commande, le serment de nostre baptesme nous y lie, & nostre deuoir nous
y appelle : Car nous sçauons tous qu'il est here-
ticque, chef & protecteur des caluinistes, ennemy iuré de l'Eglise Romaine, & excommunié
publicq : Nous n'ignorons pas ses reiterees ab-
iurations de la Religion Catholicque, faictes en
la ville de Montauban, nous experimentõs que
depuis vingt ans il fait la guerre à l'Eglise, qu'il
ruine les autels, brusle les monasteres, prophane
les sanctuaires, & saccage les villes : la fumee de
ses feux est encores en l'air, & les cendres toutes
chaudes. Les sacrileges de Cahors, le carnage de
la bataille de Cotras, ses impietez & cruautez
contre les Prestres de Poictou, crient vengence
à Dieu & aux hommes. En quel piteux estat a-il
reduite la Guienne ? Côme a-il ranagé les pre-
mieres Prouinces de la France ? Combien de
fois a il fait descendre l'estranger ? Ne print-il
pas l'annee passee au mois de Decembre la ville de Nyort ? ou pour son entree il fist pendre le
Lieutenãt ciuil, l'vn des meilleurs Catholiques
du Pays: N'a-il pas bannie la Messe de ses terres
& planté le Caluinisme aux pays de son obeissance ? & vous le voulez aduoüer pour succes-

ur, & recognoistre pour Roy? O gens stupi-
des & insensez, vous n'estes Chrestiens ny François de soustenir son party, & fauoriser sa cause?
car c'est vne maxime certaine, & par experiéce
recognoüe veritable, qu'vn heretícque ne peult
& ne doit regner entre des subiets Chrestiens &
Catholiques, non plus que suyuant le propos
doré de Iouinian, esleu à l'Empire apres Iulian
l'Apostat, vn Empereur Chrestien ne doit com-
mander qu'à des soldats & subiets Chrestiens
comme luy, de crainte que par l'ordure de l'heresie, la pureté de la Réligion Chrestienne ne
soit cótaminee & peruertie: estant ordinaire
que le leuain éuanté gaste la bonne paste, & le
peu d'yuroye corrompt la tige du pur grain.
Ceux qui douté de ceste propositió, & qui sou-
stiennent le paradoxe contraire, oht plus besoin
de sens & entendement que de raison, exemple,
ou discours: Qu'ils prennent le loisir de lire S.
Augustin, Theodoret, Socrate, Euzebe, Sozo-
mene, Zonare & Nicephore, ils apprendrót, que
le seul & principal but de tous les bons Empe-
reurs à esté d'exterminer le Paganisme, chasser
l'heresie, combattre toutes sectes, estaindre les
factions & purger les opinions contraires à l'v-
nité de l'Eglise Catholique & Romaine. Que si
la doctrine des anciens Peres ne les cótante, ou
que la lecture des Saincts escrits soit trop lógue
qu'ils lisent ce que doctement a esté traité & re-
cueilly par feu Monsieur Begat, President au
Parlement de Dijon, aux Remonstráces par luy
faites au feu Roy Charles neufiesme, pour empescher en Bourgongne la publication & exe-

B

cutiõ du pernicieux Edit de Iãuier, qu'ils ayent
en main les discours du catholiq' Anglois & du
catholicq' François, vrais & certains pronostiqs
de nostre ruine commune, si nous nous laissons
ébranler : qu'ils voyent le riche & sçauant discours du Panegeriq' de l'Edit d'Vnion, de Mõ-
sieur Boucher, ils y trouueront assez dequoy
pour eschauffer les plus froids Catholiques, asseurer les doubteux, conuaincre les opiniastres,
contenter les sçauans, instruire les ignorans , &
confirmer les bõs en la verité de la proposition
cy deuant entamee : Que ce n'est poit viure en
Chrestié, que de dissimuler, & souffrir qu'vn he-
reticque prenne pied au Rõyaume. Ie vous ay
dit aussi, que ce n'estoit estre François, par ce
que le premier fondement de l'Estat, la plus riche pareure de la France, la plus precieuse perle
de la Couronne , la seulle prerogatiue du Sce-
ptre, est la seulle Religion Catholique & Romaine, aux rayons de laquelle la Frãce, sur toutes les autres Monarchies, a esté tousiours relui-
sante, claire en deuotion, nette en pieté, inuiola-
ble & constante en sa Foy, exempte de mõstres,
fauorisee du Ciel par graces specialles, & mira-
culousement enrichie d'vne celeste onctiõ pour
le Sacre de ses Rois : Lesquels en recoghoissan-
ce de tãt de bien faits, ont de ligne en ligne, depuis Clouis fait reluire leurs armes, & transmis
à leurs successeurs par droit hereditaire, le tiltre
de Tres-Chrestien, par les belles victoires qu'ils
ont obtenues contre les Albigeois, Gotz, Vuan-
dales, Lombards, Sarrazins, Huguenots, & autres heretiques. De la vient que pour la parfai-

la legitime succession au Royaume; deux
qualitez sont conjointement requises au temps
de l'escheute de la Couronne: que le Prince
possible soit nourry, instruit & bien confir-
mé en la seule & vraye Religion Chrestienne,
sans tache quelconque d'heresie: & que d'ailleurs il soit plus prochain du sang Royal sans
representation. Mais la premiere qualité, est de
tant plus necessaire qu'elle procede de Dieu, &
qu'elle a vn subiet plus beau & immortel, qui
est l'ame: de sorte que comme les Loix diuines
& eternelles, doibuent estre plus religieusemét
gardees que celles des hômes transitoires, mua-
bles & incertaines: Il faut faire plus grand estat
de celles qui regardent le spirituel que d'vne
Loy Salique qui regarde le temporel, aussi est
il accoustumé en la ceremonie du Sacre de nos
Rois, que la Messe commencee, auant que de lire l'Epistre, l'Archeuesque de Rheims interpre-
te & fait entendre les articles de la Foy Chrestienne, interroge le Roy s'il les croit & veult
defendre. Comme est il doncques possible, que
celuy qui hait & blasme la Messe, qui se rit des
ceremonies de l'Eglise, qui blaspheme contre le
Sacrement de l'autel, qui neglige les sainctes
traditions, qui mesprise les dignitez & person-
nes des Arcuehesques, & tout l'ordre Ecclesia-
stique, puisse estre Roy de France. C'est pourquoy à bon droit l'Edit d'vnion exclud & rend
incapables les heretiques, adherans & fauteurs
d'iceux, du Royaume: Edit le plus solénel qui
fut onques, dicté de la bouche du Sainct Esprit,
iuré par le feu Roy sur le Corps de Dieu, publié

B ij

par les Parlemés, enregiftré aux fieges Royaux,
receu en toutes les villes , paffé en Loy fonda-
mentalle , & cefte Loy de nouueau iuree & có-
firmee par ferment reiteré à trois diuerfes fois,
par le mefme Roy à la face des Eftats , auctori-
fee de la prefence & femblable fermét des Prin-
ces, Seigneurs, Officiers du Royaume , procla-
mee en l'affemblee des trois ordres auec louan-
ges, graces & refiouyffances publiques: Tant de
graues fermens, belles promeffes & folemnelles
proteftations , inuiterent les deputez de paffer
plus auant , & preuoir à ce qui eftoit pro-
fitable au peuple & neceffaire à l'Eftat, pour de
bonne heure affoupir les troubles, & eftaindre
les feux de fi long-temps allumez, par les iniu-
ftes armes du Roy de Nauarre, & l'empefcher
qu'il ne remuaft mefnage à l'aduenir , le Roy
mourant fans enfans.

C'eft à quoy tend le fubiet du prefent difcours
eftant mon intention de vous donner aduis , &
faire entendre par le menu la verité des chofes
paffees, & deliberations prifes pour ce regard.

PREMIEREMENT, fçachez doncques, que
le quatriefme iour de Nouembre, mil cinq cens
quatre-vingts & huit, l'Article touchant le Roy
de Nauarre fut entamé, & la propofition faicte
en la chambre du Clergé , ou apres grandes &
meures confiderations , il fut aduifé qu'il feroit
tenu pour criminel de leze Majefté diuine &
humaine, heretique, chef d'iceux, relaps, excó-
munié, priué du gouuernement de Guienne, &
de tous fes Eftats, indignes de toutes fucceffiós,
Couronnes & Royaumes ; ce que feroit com-

muniqué aux autres Chambres.

LE mesme iour, le propos en fut porté à ceux du tiers Estat, par les sieurs Archeuesque d'Ambrung, Euesque de Bazas, Abbé de Cisteaux, & autres signalez personnages de l'Eglise, lesquels declarerét estre chargez d'en faire pareille ouuerture à Messieurs de la Noblesse.

LE lendemain cinquiesme, les trois ordres, apres vne grande & mutuelle cóference, se treuuent de mesme aduis, & delibererent de deputer douze de chascune Chambre, pour faire entendre leur resolution au Roy.

CELA fut aussi tost executé, & le propos dignement tenu au nom de tous les Estats par ledit sieur Archeuesque d'Ambrung, Prelat honorable & bien zelé.

LE Roy fist responce que lon mist en terme & que lon eust à examiner, s'il estoit bon & expedient de sommer le Roy de Nauarre pour vne derniere fois, à iurer l'Edict d'vnion, & se declarer Catholique, & toutesfois ne pesez-pas (dit-il) que ce soit pour le rendre habille à me succeder, car quant Dieu ne me donneroit lignee ie pouruoirois en telle sorte à mon Royaume, que iamais Roy ayant esté heretique ne vous gouuernera : ce que ie veux estre, raporté en voz Chambres. Voila ses propres mots fidellement tenus & raportez.

LE Lundy septiesme, lon delibere aux trois Chambres sur la responce du Roy, lon considere de pres ce qui auoit esté fait du passé, pour gaigner ledit Roy de Nauarre & le remettre au droit chemin : Que la Roine Mere y auoit faict

voyage, que les Estats premiers tenus à Blois y
auoient enuoyé, que Messieurs de saincte Foy,
de sainct Germain & le Pere Maldonat auoient
fait tout deuoir de l'instruire, que nostre sainct
Pere luy auoit vne fois pardonné, que depuis il
estoit recheu pis que iamais, qu'en plaine assemblee des heretiques il auoit iuré leur manuten-
tion, qu'il estoit en campaigne, les armes en
main contre les Catholiques, qu'il exerçoit à la
face des Estats des cruautez horribles, qu'il e-
stoit possedé par des ministres, que lō auoit esté
contraint de mettre aux champs vne armee,
pour empescher ses hostilitez, qu'il auoit esté
suffisamment sommé & inuité par l'Edict d'v-
nion publié partout le Royaume, qu'il estoit
excommunié, que l'Eglise contreuiendroit à ses
saincts Decrets, de le recognoistre & aprocher :
La peine de droit côtre les relaps fut mise en a-
uant & ne fut rien oublié du merite de l'affaire :
L'importance de la question fut grande, mais
l'assemblee des Estats estoit seulle digne & ca-
pable, pour la traiter & examiner selō son poix
& mesure. Enfin ceux du Clergé se resolurent,
qu'il ne se pouuoit & deuoit faire, que led Roy
de Nauarre fust dauantage contumacé : Leur
conclusion fut portee en la Chambre des No-
bles par Monsieur l'Euesque de Chaalons en
Champaigne, & au tiers Estat par Monsieur de
Comminges. Il se trouua que les trois Châbres
estoient de mesmes aduis, & en deliberatiō d'en
aduertir le Roy.

LE huitiesme du mois, le sieur Archeuesque
d'Ambrung, accompagné de douze de chacun

ordre, rendit la responce au nom des Estats. A
l'entrée d'apres disné, Maistre Iean Saulnier de-
puté du Charrolois present aux propos dudit
sieur d'Ambrung, fit son raport au tiers Estat,
& declara que le Roy auoit prises de bonne
part les remonstrances des Estats; lequel auoit
respondu, qu'il sçauoit biē q̃ le Roy de Nauarre estoit heretique, indigne de la Couronne, qu'il
estoit bien la resolu qu'il n'y auroit iamais part:
dequoy il vouloit les cayers estre chargez &
remplis, deliberant de satisfaire & contenter les
deputez, sans qu'il fust besoin de plus grandes
poursuittes, veuë la resolution.

LE Meroredy neufiesme, vint en la Chãbre
du tiers Estat Monsieur l'Euesque de Sarlac, de
la part du Clergé, leql fist sçauoir qu'ils estoient
bien assourez de la bonne volonté du Roy, &
qu'il n'en failloit point douter: partant q̃ ceux
de son ordre se contentoient de dresser article
par escrit, qui contiendroit la resolution prise
le quatriesme du iour du mois de Nouembre, en la forme cy deuant raportee, pour presenter l'article des premiers du cayer general.
Cela fut ainsi conclud & arresté en toutes les
Chambres. Depuis le mesme article fut confir-
mé en la chambre de la Conference, qui se fai-
soit aux Iacobins, où de chacun ordre se trou-
auoient douze deputez, pour en vn seul cayer re-
diger des articles qui seroient conformes. Mais
quel plus grand resmoignage voulez-vous de
la bonne volonté du feu Roy, pour passer & aduoüer cet article, que ce qu'il dist & protesta so-
lemnellement aux sieurs President de Nully, &

Aduocat Bernard, le neufiefme du mois de Decembre : car luy, eftans lefdits fieurs deputez, pour affaires qui regardoient le grand party, & le bail De here, il fe mift en propos auec eux de fon Edict d'vnion, & en iurant fon Createur qu'il difoit auoir receu le iour mefme, il promift fur fa part de Paradis, & fur peine de damnation eternelle au profond des enfers & auec les plus grands damnez, qu'il ne contreuiédroit iamais à fes fainctes promeffes & refolutiós, que s'il auoit le poignard a la gorge, il aimeroit mieux mourir que d'auoir le Roy de Nauarre pour fucceffeur, & faire trefues auec le huguenot : ayant fait expres commandement aufdits fieurs deputez de faire entendre aux Chambres fes propos & fermens. Le fieur de Nully les raporta au tiers Eftat, & ledit fieur Bernard fut chargé de les cómuniquer au Clergé & à la Nobleffe. Le Roy auoit fi peur que rien ne fuft obmis de ce qu'il auoit dit, & tant de defir que fon intention fuft publiee, qu'il enuoya Monfieur le Merle en toutes les Chambres, pour fçauoir fi le raport en auoit efté fait, & que l'on creuft ce que lefdits fieurs eftoient chargez de dire de fa part. Voudriez vous plus de preuue pour la códemnation du Roy de Nauarre & de fon incapacité ? Vous direz incontinent que cela fe faifoit ainfi du viuant de Monfieur de Guyfe, que fon credit, & auctorité caufoient telles refolutions, mais qu'apres fa mort la chance fut bien tournee : vous vous trompes Meffieurs, car ores que les proxenetes, miniftres fecretz, & foliciteurs à gages du Roy de Nauarre, euffét depuis

remué toute pierre pour effacer l'article. & le
tirer des cayers, ils perdirent leurs peines : Les
sieurs de Brissac & Aduocat Berhard en pour-
roient dire quelque chose, quand tous deux en-
semblement & en vn mesme lieu, ils furent inui-
tez d'en parler en leurs Chambres , par vn des
premiers Prelats de la Frãce, premier en digni-
té & non en Religion, mais le bon homme s'a-
dressoit bien mal, il vit bien qu'il n'y auoit rien
à gaigner sur eux, & que côme luy ils n'auoiët
l'esprit muable ny enflé des fumées de Court.
Les pratiques & menees des Bearnois furét auf-
si tost assoupies & difsipees qu'elles eurent pris
air, & que le bruit en fut ouy: car Monsieur l'E-
uesque de Sarlac, ayant esté enuoyé aux Chambres le xxvij. de Decembre , pour recognoistre
si les grands changement auoient point changé
le premier aduis de ceux de la Noblesse & du
tiers Estat, il les trouua constans & fermes en la
resolution prise au mois de Nouembre, touchãt
le Roy de Nauarré, & par effect les cayers des
trois ordres furent reuestuz & chargez de l'article, en la mesme forme & substance qu'il a-
uoit esté au parauant accordé, & iceux presétez
au Roy le Mercredy quatriesme de Ianuier.
Depuis, le seiziesme dudit mois, apres la haran-
gue du tiers Estat, l'Edict d'vnion fut pour la
troisiesme fois publié par le secretaire Ruzé, en
plaine assemblee des Estats, iuré de nouueau par
le Roy , auec solemnelle protestation de l'ob-
seruer & faire entretenir, pour Loy fondamen-
talle de l'Estat. Voyez maintenant Messieurs,
& en sincerité de conscience, iugez quelle est la
C

trahison, perfidie, iniustice, desloyauté & aueuglement de ceux qui fauorisent & souftiennent pour Roy, celuy que les Edicts declarent indigne de la Couronne, que les Parlemens ont iugé incapable, que les Eftats tiennēt criminel de leze Majefté, que le feu Roy a defaduoué pour fucceffeur, que l'Eglife à reprouué, que le Pape a condamné, & que les Loix fondamentalles du Royaume ont excluz. Voulez-vous à ce coup faire banqueroute à la Religion ? Aimez-vous mieux que l'ambition & l'auarice vous perde, que la confcience vous fauue. Si vous eftes Catholiques & François pourrez-vous honeftement demander pour Roy, celuy que Généue demande, que l'Angleterre defire, que les proteftans fouhaitent, que les Rochelois honorent, & que tous les heretiques defendent ? Ce n'eft pas au Clergé que mon propos s'adreffe, par-ce que c'eft le perfecuteur de l'Eglife, & le grand ennemy des Preftres & religieux : Que lon demāde à ceux de Poictou, de la Guyenne, de Perigort, de Quercy, du Xaintōgeois, que font deuenus leurs Curez, Docteurs, Chanoines & autres Ecclefiaftiques ? Ils vous refpondront, que la plus part ont efté tuez & maffacrez par le Roy de Nauarre. Que font deuenus les Reliques & ornemens de leurs autels ? ils vous dirōt que tout a efté perdu par les brigandages, volleries & facrileges de luy & de fes foldats. Il ne faut doncques rien craindre pour les Ecclefiaftiques qui reftent entiers, ils font bien-heureux d'eftre fages au peril d'autruy. Moins fault-il douter de la meilleure partie du tiers Eftat, &

de toutes les villes vnies, l'amour de leurs enfãs,
la chasteté de leurs femmes, la seureté de leurs
biens, le repos de leurs familles, la fidelle garde
de leurs murailles, & les gages precieux de leur
Foy & Religion, leur sont trop cherement re-
commandez, pour en faire si bon marché, que
de se fier aux promesses d'vn heretique, qui sera
doncques pour luy? Voulez-vous faire tant de
tort à la Noblesse, me dira quelque braue & genereux gêtil-homme, que de l'acuser de couar-
dise au fait de la Religion? Certes i'aime, ie
loue & respecte beaucoup ceux qui prennent
cela au point de l'honneur : mais nous en voyõs
& cognoissons plusieurs, lesquels oublieux de
leur rang & deuoir, gaignez par mauuais con-
seil, poussez d'vn pretexte de vengeance, rêplis
de vaines attentes, sont encores à cheual, & ont
les armes au poing pour le party du Roy de
Nauarre, contre le seruice de Dieu, de la vraye
Religion & de leur pays. Est-ce ainsi Messieurs
que vous suiuez la vertu de voz Peres? & que
vous prenez les faux sentiers, pour vous perdre
& esgarer du droit chemin qu'ils vous ont bat-
tu? Auez-vous esté par eux nourriz & esleuez,
pour obscurcir la lumiere de leur pieuse me-
moire, & effacer l'honneur de leurs monumêts?
Voulez-vous perdre & destruire en voz iours,
ce qu'ils ont cherement acquis & conserué en
leur vie? Ils l'ont monstré iusques à la Palestine
qu'ils ne portoient l'espee pour autre vsage, que
pour l'aduancement & defense de la Foy, &
vous courez fortune pour la ruiner. Plusieurs
d'être vous ont leurs armoiries semees de croix,

tefmoignage certain de la pieté & deuotion de
voz Anceftres : & vous fuiuez celuy qui les fait
abatre, qui reiette cefte liuree , & qui ne porte
pas fa cazaque croifee : fi le fait de la Religion
ne vous touche, ou que le meflage que vous faite du reuenu des Abbayes & Prieurez, auec vos
biens & domaine ordinaire vous retienne: pen-
fez du moins à voz premiers fermens, & à la foy
promife pour l'execution de l'Edict d'vnion.
Vous eftes fi fcrupuleux en vos promeffes, fi cô-
ftans en vos parolles, & à la foy que vous dônez
aux hommes, que quand vous iurez foy de Gêtil-homme, vous voulez que chacû vous croye
c'eft le plus grand de vos fermens, c'eft à fe cou-
per la gorge fi lon mâque de parole, voire pour
chofes de neant. Et à prefent qu'il y va de la foy
donnee à Dieu, preftee à fon Eglife & à tous les
Eftats de la France, vous la voulez legérement
fauffer , & iniurieufement la perdre & violer:
N'auez-vous point peur que la peine d'vne fi
eftrange perfidie vous talonne de prés ? & que
la vengeance diuine ne vous abatte? Prenez in-
ftruction au chaftimêt d'autruy, & mirez-vous
à l'exemple miraculeux propofé au commence-
ment de mon propos : c'eft vn point trop vul-
gaire & propre d'vne efcolle, que de parler de
la peine temporelle & eternelle du periuremêt
contantez-vous de fçauoir & aprendre, que les
anciens affembloient fur vn mefme autel, la fta-
tue de la Foy, auec celle d'vn Iupiter foudroy-
ant, pour monftrer que qui offenferoit la foy, il
auroit auffi toft le foudre fur la tefte. Si ce grand
Capitaine Alcibiades viuoit, il vous aprendroit

voſtre leçon, & vous feroit rougir de hónte, quelque Payen qu'il fuſt : car il auoit accouſtumé de ſe reſiouir, quand les Barbares rompoiét les premiers les trefues accordees ſoubs leur foy, diſant que la ſeulle rupture de la foy & promeſ-ſe offençoit les Dieux, excitoit leur courroux, & les rendoit leurs ennemis. Laiſſons la les an-ciens & les genereux faits de vos ayeuls, ſouue-nez-vous ſeulemét du propos porté au nom de voſtre ordre par Monſieur de Briſſac voſtre ſa-ge Preſident, voſtre eloquent Orateur & Peri-clés François : n'a-il pas en public promis pour toute la Nobleſſe de France l'execution de l'E-diɛt d'vnion ? ne vous a-il pas tous obligez à la guerre cótre les heretiques ? n'a-il pas reco-gneu ceux-la indignes de la Couronne, & ſub-iets à punition, qui par leur fer, fureurs & rages, ont voulu arracher du Royaume l'vnique Re-ligion ? n'a-il pas dit que la troupe des preux Cheualiers demanderoit compte quelque iour du zele & de la feruenr que vous deuez à la de-fenſe de l'Egliſe? n'a-il pas confeſſé ɋ les vrayes marques de Nobleſſe & le ſeur chemin à la ver-tu, n'eſtoient autres que de mettre la main aux fondemens, aduancement & conſeruation de la Foy ? n'a-il pas rendu iugement qu'il ne failloit point recognoiſtre autres Gentils-hómes Fran-çois & compatriotes, que ceux qui ſont touchez du meſme deſir? Parla-il pour lors ſi dighemét pour eſtre maintenant ſi indignemét deſauoué, l'aulez-vous choiſi pour ſe deſdire ? Il n'a rien fait & dit qui ſoit ſubiet à deſaueu, qui ne meri-te louange, & qui ne vous oblige à garder la pa-

rolle qu'il a donnee pour vous, à suiure son aduis, à vous rendre à ses raisons, & vous departir
de vos factions & hostilitez, pour en toute seureté & paix viure à la façon de nos peres, en vne
mesme Religiō, & soubs l'obeissance d'vn Roy
Tres-Chrestien. Aurez-vous les esprits si per-
duz que de negliger vn cōseil qui vous est propre, vtil, honorable à vostre rang , & asseuré
pour vos consciences ? Quand il aduiēdroit autrement, & que la France voudroit auoir pour
Roy, le Roy de Nauarre, ce que Dieu ne per-
mettra iamais, il fault que la Bourgongue seulle
y resiste, qu'elle tienne bon , qu'elle soit ferme,
que par son sel elle empesche la pourriture de
l'heresie , qu'elle face perdre le goust des opinions fades de ce tēps, & qu'elle garde soigneu-
sement les gages & priuileges dont elle est ho-
noree. C'est la premiere Pairrie de la Couronne, la premiere nourrice des Rois Chrestiens, &
si elle a de special, qu'au temps de la reduction
du pays, il fut traicté & expressément capitulé,
que tous les Seigneurs, Gentils-hommes & subiets seroient maintenuz & conseruez en la Religion Catholique, Apostolique & Romaine, sans
aucun changement à l'aduenir: Que si le Roy
Loys xj. eust esté tant peu que ce soit suspect
d'heresie, ils se fussent plustost faict tuer deuant
que de se rendre & assubietir à sa domination.
Belle leçon pour ceux qui troublent la Prouince, & pires que viperes, deschirent le ventre de
leur mere, la pillent, la violent & rauagét: Lesquels seroient par moy monstrez au doigt, dé-
paints de leurs couleurs, & raportez par nom &

furnis, pour eſtre diffamez à perpetuité, degra-
dez du tiltre de Nobleſſe & de l'honneur desar-
mes, tenus pour ingrats, deſloyaux, & ennemis
publicqs de l'Egliſe & de leur Patrie, n'eſtoit
l'eſperance de leur conuerſion. Quel regret au-
roient ces preux Cheualiers, vos Peres vrais pil-
liers de la Foy, ſi par les loix de nature il eſtoit
permis de reviure, de veoir vos rauages, d'ouyr
les plaintes & gemiſſemens du pauure peuple,
& de le veoir tant ſouffrir ſoubs l'oppreſſió de
vos courſes? Nous auons aux villes vnies leurs
tumbeaux & ſepulchres, ornez de leurs armes,
trophees & eſcuſſons, nous ſommes depoſitaires
des enſeignes par eux gaignees aux batailles cótre les huguenots: Ils ont eù louange de les có-
battre à Dreux, Sainct Denis, Coignac, Mont-
coutour, & d'auoir repris les villes occupees par
les Heretiques: & vous aurez le reproche de les
ſuiure, de les aſſiſter, de leur commettre la garde des places, de veoir piller vos Egliſes, dépé-
dre les cloches, rançonner les villageois, voller
les marchans, d'auoir deſtruit ceſte celebre Ab-
baye de Ciſteaux, premiere de ſon ordre, l'an-
cién ornement de la Bourgongne, & la princi-
palle marque de la pieté & deuotion des bons
Ducz. La furie des Allémans, l'hereſie & paſſa-
ge barbare des huguenots auoient laiſſé ceſte
Egliſe entiere: Les eſtrangers pour la reuerence du lieu auoient eu horreur d'y toucher, &
les Gentils-hommes du pays, qui ſuiuét le party du Nauarrois, ont print plaiſir d'y mettre
leurs mains ſacrileges, & auec vne Payéne pro-
phanation ont ſcandaleuſement mis par terre,

tout ce qu'y estoit de plus rare & singulier au
Monastere. Les choses toutesfois ne sont si des-
esperees, qu'il n'y ait moyen de recouurer vostre honneur, r'entrer en recōciliation, vous remettre en grace, & viure autāt vnis que iamais.
Le seul remede pour y paruenir, & adoucir l'ai-
greur des choses passees, sera, que vous & tous
bons François abiurent le party du Roy de Nauarre, luy courent sus, luy barrent le chemin à
l'Estat, & que nous mourions tous plustost que
de le laisser viure & regner. Ouy mais direz
vous, il nous promet d'estre Catholique, il veut
estre instruit, il demande vn Concile general ou
national, le voulez-vous traiter pirement qu'vn
barbare ou payen ? O promesses captieuses, parolles fardees & excuses dangereuses, fault-il
que les hommes se fient à celuy qui trōpe Dieu,
fault-il s'asseurer à la foy de celuy qui l'à si sou-
uent faulcee? Quelle esperance donne-il d'estre
Catholique, de faire la guerre aux meilleurs
Catholiques, de chasser les prestres, chantres &
chapellains du feu Roy, pour retenir des ministres pres de luy, de quitter la Messe pour aller
au presche, d'enuoyer du Harlay, Sansy vers les
protestans, le Conseiller Lubert aux Suisses huguenots, & receuoir à Dieppe les Ambassadeurs
d'Angleterre. Quel acte a-il fait de sa pretēduë
catholicité depuis la mort du Roy, sinon que
d'assister à ses obseques, & d'accompagner son
corps iusques au portail de l'Eglise sainct Sul-
pice à Compiegne, sans vouloir entrer dedās, au
mespris du lieu, scandale des Catholiques, & a-
uec grand plaisir pour les huguenots. De met-

ce en lieu qu'il vueille estre instruit au parauāt,
c'est vne finesse trop lourde, car la Foy est vn
don de Dieu, qui ne s'aprend point par leçons
& remonstrances, l'ignorāce y profite plus que
le sçauoir, & la simplicité plus que la doctrine.
Les Turcz sont receuz au baptesme, & les Pay-
ens au Christianisme, non par discours d'vne
prudence humaine, mais par grace & faueur diuine. Lon luy a enuoyé autrefois des bons pe-
dagogues & sçauans docteurs, mais il à esté si
mauuais escolier qu'il n'a rien voulu aprendre
ny retenir. Il n'a pas laissé de se remettre à la fā-
ge de ses mauuaises opinions, auec vne recheute
plus dangereuse que sa premiere maladie : & si
d'ailleurs, demandant d'estre instruit, cela mon-
stre qu'il doute de sa creance, & qu'il vit en in-
certitude de foy, c'est à dire, qu'il vit en impieté
& mespris & contemnement de toutes religions,
& sil se tiendra d'aubissance point vn facile pour
sçauoir quelle religion sera la meilleure, plus
solide & veritable : Voyez le grand & horrible
blaspheme. Ne sçauez-vous pas que les Cōcils
generaux ne se font iamais en l'Eglise, que par
la licence & soubs l'auctorité du Pape, & toutesfois le Roy de Nauarre luy est ennemy iuré,
& persecuteur de son Siege : Il en fait si peu
d'estat par sa declaration nagueres publiee, que
parlant auec l'impudence ordinaire aux heretiques, il promet que dedans six mois il fera tenir
vn Concile & les Estats generaux. Ce n'est ny à
luy ny à Monarque du monde d'vser de ses ter-
mes, & parler en telle façon : Il fault se soub-
mettre & venir à sa Saincteté par prieres, demā-

D

dès & fupplicatiõs, à ce qu'il luy plaife permet-
tre le Conéil, & non pas s'arroger le pouuoir
de le faire tenir : Mais il eft bien loing de fon
compte, fon delay de fix mois eft trop court
pour vne fi folemnelle cõuocation. Il faut premierement fçauoir s'il eft receuable de le demander, & raifonnable de luy accorder, l'vn &
l'autre ne fe peuuent faire : car les Concilz ne
peuuent eftre legitimoment demãdez, & moins
accordez, finon quant l'herefie eft en fa naiffan-
ce & qu'elle commence à pulluler, que s'il y a
iugement & condemnation, il s'y faut arrefter
fans contredit, & paffer par là, autrement ce feroit donner occafion de la fomanter & entretenir, ce feroit en fouffrir l'accroiffement, & douter de la validité du iugemét. L'Eglife ne peult
faillir, fes iugemens font incorruptibles, & non
fubiets à appel ou reuifion, elle ne fait iamais rié
par furprife ou par erreur de fait ou de droit.
Or'eft-il que l'herefie du Roy de Nauarre &
de tous les Caluiniftes a efté reiettee & cõdem-
née par le Concile de Trente, Concile legitime
receu & approuué pour la doctrine & articles
de la Foy : fi legitime qu'aux Eftats derniers de
Blois, la publication en a efté accordee & requi-
fe par les trois ordres. Par ainfi c'eft vn abus de
parler d'vn Concile, que fi le iugement de fon
herefie eftoit à faire, ne penfez-pas que par vn
Cõcile general le Roy de Nauarre & fes adherans fuffent meilleurs : Car Arrius apres fa cõ-
demnation faite au Concile de Nicee, ne laiffa
pas de pis faire. La refolution du Concile de
Conftantinople contre les Macedoniens, n'e-

ſtaingnit pas leur erreur. Neſtor Eueſque de
Conſtantinople ne fiſt aucun compte du ſeueré
iugement donné côtre luy au Concile d'Ephe-
ſe : les Manichees apres le Côcile de Calcedoi-
ne continuerent leurs impures & ſacrileges opinions. Comme ſeroit-il poſſible de les vaincre
& faire taire par les Concils, veu que l'eſcriture
ſainĉte, la pure parole de Dieu, & la doĉtrine
des ſainĉts Peres, ſurquoy la reſolution des Cô-
cils doibt eſtre priſe, ne leur ſert que de ſcanda-
le, les rends obſtinez, & augmente leur impudê-
ce. C'eſt pourquoy l'eſperance eſt perdue de les
auoir par vn Concil general : Quant au national, il ne ſe fait que pour les mœurs, & nô pour
les profonds miſteres de la Religion : Telle-
ment qu'il eſt facile à veoir, que les pretextes du
Roy de Nauarre ne ſont que pieges, pour at-
traper les ignorans, & deceuoir les ſimples : Il
a fait mine de preſenter le pain d'vne main, & il a
la pierre en l'autre pour nous fraper durement.
Sçachez que la plus fine eſmorce de l'heretique
eſt de beaucoup promettre, & contanter le mô-
de de belles parolles, mais ſon naturel eſt de ne
rien tenir, & quand il eſt le maiſtre ſe rire &
ſe mocquer de ceux qui l'ont creu. Côtantez-vous
d'en eſtre aduertis, & gardez vous de l'experi-
menter. Ie ne parle point d'vn autre pretexte
pris ſur la vengeance de la mort du feu Roy, il
eſt trop groſſier, eſloigné de raiſon, & contraire
au Chriſtianiſme : C'eſt folie de s'armer contre
le Ciel, ſe bander contre Dieu, & par forces hu-
maines combattre ſes diuins iugemens. Par ainſi
Meſſieurs, reprenez vos meilleurs eſprits, ſoyez

D ij

sages de bonne heure, fuyez la domination de
l'heretique, & croyez que c'eſt vne impieté de
communiquer auec ceux qui eſleuent vn autel
prophane,& plantent vne chaire adultere, pour
faire teſte auec leurs ſacrifices nouueaux, aux
Preſtres eſleuz en l'Egliſe par iugemẽt de Dieu
c'eſt l'aduis de ſainct Cyprian,c'eſt le conſeil de
l'Egliſe vniuerſelle,c'eſt la façon des anciés docteurs,& la reſolution des ſaincts Peres. Le zele de voſtre religion vous oblige à les croire,
vos conſciences vous le commandent.noſtre cõ-
mune alliance au bapteſme vous y ſemond, la
France voſtre mere crie apres vous de ne la
point laiſſer au beſoin, & vous coniure pour vn
dernier coup de luy eſtre fidels,legitimes,& o-
beyſſans enfans. Si vous le faites la religion ſera
exaltee,la paix vous ſera donnee, la Iuſtice re-
prendra ſon auctorité, le commerce ſera remis
en ſon train,la terre rendra ſon fruit,vous aurez
abondance de tous biens,& viurez en proſperi-
té: Sinon ou vous ferez le contraire, où vous
ſuiurez le party du Roy de Nauarre & de ſes
adherans,vos guerres continueront, la peſte,
famine & diſette vous deſtruiront,vous plante-
rez la vigne & la cultiuerez & n'en boirez point
toutes afflictions vous ſaiſiront, toutes maledi-
ctions, playes & maladies eſcrites au liure de la
Loy vous ſuiuront, & de ſubiets que vous eſtes
d'vn Tres-Chreſtié & fleuriſſant Royaume, ſe-
rez eſclaues de l'hereſie,proye à l'eſtranger, vi-
uãts ſoubs le ioug d'vne ſeruitude inſuportable
aux François.   De Dijon, ce premier iour de
Ianuier, 1590.

E. B. D.

¶ Sur le preſent Diſcours, en forme d'Aduis.

LE SEIGNEVR DES ACCORDS.

SVS courage François, ſus François ſus courage,
Aux armes, à l'aſſault, voyeʒ de toutes parts
Voʒ cruels ennemis dans la Prouince eſparts,
Et comme furieux ils vomiſſent leur rage.
Sereʒ-vous engourdis durant ce grand orage,
Dormireʒ vous pendant que ces traiſtres pendarts,
Pour vous egoſiller eſguiſeront leurs darts,
Se promettant d'auoir tous voʒ biens en pillage.
C'eſt à ce coup (François) qu'il faut s'éuertuer,
Et quoy, voudrieʒ vous bien vous laiſſer tous tuer
Ainſi que des moutons? qui n'ont point de defenſe.
Armeʒ vous du bouclier que cet Acriſien
Vous met dedans la main d'vn ʒele tres-chreſtien,
Il empierrera ceux qui nous feront offenſe.

DEVS FACIENTES ADIVVAT.

AVX BOVRGVIGNONS.

Bourguignons deſſalez, par l'eau de l'hereſie,
A qui l'ambition, & l'huguenot ſerment,
Souz vn maſque vengeur, charment l'entendement :
Gouttez vn tant ſoit peu de ce ſel ie vous prie.
Reſſalez voz Eſprits, & ſages gardez bien,
Que par faute de ſel, l'heretique Gangrene
Ne ſe gliſſe en voz cœurs : ains touſiours vous ſouuienne,
Que le fade Chreſtien ne vallut iamais rien.

I. B. D.

SONET.

FRance, ce ieune Loup dont la Mere cruelle
    Auorta dans le creux des Rochers de Beard,
    Sur l'Eglise de Dieu à ietté son regard,
    Et pour la deuorer ton secours il appelle.
Il semond ses Pasteurs de se bander contre elle,
    Les Nobles il coniure, & àfin d'auoir part
    Au cœur du tiers Estat : Ce Loup fait du Renard,
    Et dict que ce n'est plus du public la querelle.
Il saict grande pratique, il contrefaict le fin,
    Il enuoy' vers le Pape, & dict que c'est àfin
    De demander Pardon, mais ce n'est que feintise.
Ha ! France il te fault bien defendre pour ce coup,
    Et pour rompre son charme il sault crier au Loup,
    Au Loup, qui veult mãger les aigneaux de l'Eglise.

M. Y. L. T.